Terço da amizade

Pe. Flávio Sobreiro

Terço da amizade

Dados Internacionais de Catalogação na Publicação (CIP)
(Câmara Brasileira do Livro, SP, Brasil)

Sobreiro, Flávio
Terço da amizade / Flávio Sobreiro. – São Paulo : Paulinas, 2015.

ISBN 978-85-356-3926-1

1. Amizade 2. Mistérios do Rosário 3. Orações 4. Terço (Cristianismo)
I. Título.

15-03336 CDD-242.74

Índice para catálogo sistemático:
1. Terço da amizade : Orações marianas : Cristianismo   242.74

1ª edição – 2015
2ª reimpressão – 2021

Direção-geral: *Bernadete Boff*
Editora responsável: *Andréia Schweitzer*
Copidesque: *Simone Rezende*
Coordenação de revisão: *Marina Mendonça*
Revisão: *Sandra Sinzato*
Gerente de produção: *Felício Calegaro Neto*
Diagramação: *Jéssica Diniz Souza*
Imagens: *Fotolia – © shsphotography,*
© icarmen13, © Jeanette Dietl,
© Vitezslav Halamka, © Elena Blokhina,
© Comugnero Silvana, © Voyagerix,
© merydolla, © habrda, © kbuntu,
© LoloStock, © Africa Studio

Nenhuma parte desta obra poderá ser reproduzida ou transmitida por qualquer forma e/ou quaisquer meios (eletrônico ou mecânico, incluindo fotocópia e gravação) ou arquivada em qualquer sistema ou banco de dados sem permissão escrita da Editora. Direitos reservados.

Paulinas
Rua Dona Inácia Uchoa, 62
04110-020 – São Paulo – SP (Brasil)
Tel.: (11) 2125-3500
http://www.paulinas.com.br – editora@paulinas.com.br
Telemarketing e SAC: 0800-7010081

© Pia Sociedade Filhas de São Paulo – São Paulo, 2015

A amizade é um dos mais belos sentimentos
que carregamos em nossa alma.
Eu acredito profundamente
no mistério deste sentimento
que nos uniu com os mais belos sonhos
partilhados na vida.
Hoje eu dedico este livro a você!
Que através da fé e da oração
nossa amizade frutifique
sempre mais no jardim do amor.

Para:_____

De:_____

Sumário

Amizade 11

Oferecimento 13

Creio da amizade 15

Primeiro mistério 17

Segundo mistério 19

Terceiro mistério 21

Quarto mistério 23

Quinto mistério 25

Agradecimento 27

Encontros 29

Amigos sabem caminhar juntos,
respeitando o tempo de cada passo.

Amizade

Amizade é um presente cultivado no jardim da alma,
um sentimento sem explicação, natural e simples,
assim como olhar nos olhos, dar um abraço carinhoso.
É um sentir que nasce do inesperado.
É algo que transcende os sorrisos e as lágrimas,
sem razões de ser.
É um sentimento vivido na gratuidade,
que simplesmente se doa.
É aconchego para momentos de tristeza.
Amizade é um sorriso bobo
sem nenhuma explicação, simplesmente é.
Amizade é assim,
um acontecer,
mas que se torna essencial na vida.
Amizade é mais que algo genético: ela nasce do coração
e com as coisas do coração.
Amamos simplesmente por amar.
Amizade é amor sem cor, sem raça, sem preconceito.
Amizade é amizade,
sem explicações.
Basta apenas que ela seja.

Em nome do Pai e do Filho e do Espírito Santo.

Oferecimento

Divino e Amado Jesus, nós te oferecemos este terço, que vamos rezar contemplando os mistérios da tua vida, presente em nossa história.

Queremos neste terço, sob a intercessão de nossa Mãe e amiga, a Virgem Maria, colocar em teu amor todos os nossos amigos e amigas: aqueles que estão distantes de nós; aqueles que enfrentam alguma enfermidade; aqueles que na vida vem enfrentando muitas dificuldades; aqueles que já fazem morada no teu amor; e também todos aqueles que conosco partilham a fé, o amor e a esperança.

Creio da amizade

Creio em Deus Pai todo-poderoso,
criador do céu e da terra [e amigo dos fracos e oprimidos].
E em Jesus Cristo, seu único Filho, nosso Senhor
[e amigo de todas as horas],
que foi concebido pelo poder do Espírito Santo;
nasceu da Virgem Maria [amiga de Isabel
e de todos que necessitavam de sua ajuda];
padeceu sob Pôncio Pilatos;
foi crucificado, morto e sepultado;
desceu à mansão dos mortos;
ressuscitou ao terceiro dia;
subiu aos céus;
está sentado à direita de Deus Pai todo-poderoso,
de onde há de vir a julgar os vivos e os mortos.
Creio no Espírito Santo [amigo da alma];
na santa Igreja Católica
[amiga de cada um de seus filhos e filhas];
na comunhão [e na amizade] dos santos;
na remissão dos pecados;
na ressurreição da carne;
e na vida eterna.
Amém.

Rezar 1 Pai-Nosso, 3 Ave-Marias e 1 Glória.

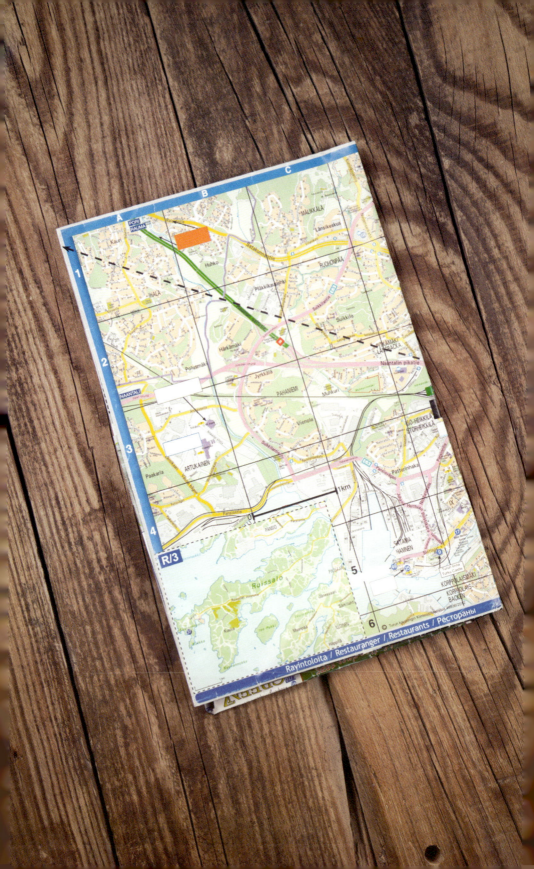

Primeiro mistério

Rezemos pelos nossos amigos distantes, por aqueles que conosco viveram um período da vida e depois partiram para outras cidades, estados ou países.

Jesus também visitou seus amigos, Marta, Maria e Lázaro:

> Jesus entrou num povoado, e uma mulher, de nome Marta, o recebeu em sua casa. Ela tinha uma irmã, Maria, a qual se sentou aos pés do Senhor e escutava a sua palavra. Marta, porém, estava ocupada com os muitos afazeres da casa. Ela aproximou-se e disse: "Senhor, não te importas que minha irmã me deixe sozinha com todo o serviço? Manda pois que ela venha me ajudar!". O Senhor, porém, lhe respondeu: "Marta, Marta! Tu te preocupas e andas agitada com muitas coisas. No entanto, uma só é necessária. Maria escolheu a melhor parte e esta não lhe será tirada" (Lc 10,38-42).

Num momento de silêncio, recordemos o nome de cada amigo e amiga que hoje moram em outras localidades.

Rezar 1 Pai-Nosso, 10 Ave-Marias e 1 Glória.

Segundo mistério

Rezemos pelos nossos amigos e amigas que passam por alguma enfermidade. Peçamos ao Senhor que venha em auxílio destes nossos irmãos e irmãs na fé.

Jesus sempre se compadecia com todos aqueles que enfrentavam alguma enfermidade:

Alguns dias depois, Jesus passou novamente por Cafarnaum, e espalhou-se a notícia de que ele estava em casa. [...] Trouxeram-lhe um paralítico, carregado por quatro homens. Como não conseguiam apresentá-lo a ele, por causa da multidão, abriram o teto, bem em cima do lugar onde ele estava e, pelo buraco, desceram a maca em que o paralítico estava deitado. [...] Jesus disse ao paralítico: "Filho, os teus pecados são perdoados". Estavam ali sentados alguns escribas, que pensavam: "Como pode ele falar deste modo? Está blasfemando. Só Deus pode perdoar pecados!". Pelo seu espírito, Jesus logo percebeu que eles assim pensavam e disse-lhes: "Por que pensais essas coisas no vosso coração? Que é mais fácil, dizer ao paralítico: 'Os teus pecados são perdoados', ou: 'Levanta-te, pega a tua maca e anda'? Ora, para que saibais que o Filho do Homem tem na terra poder para perdoar pecados – disse ao paralítico – eu te digo: levanta-te, pega a tua maca e vai para casa!". O paralítico se levantou e, à vista de todos, saiu carregando a maca (Mc 2,1-12).

Lembremos os nomes de nossos amigos e amigas enfermos e os coloquemos sob a proteção de Cristo e a intercessão de nossa Mãe e amiga, a Virgem Maria.

Rezar 1 Pai-Nosso, 10 Ave-Marias e 1 Glória.

Terceiro mistério

Rezemos pelos nossos amigos e amigas que enfrentam problemas na vida: estão desempregados, têm dificuldades de relacionamentos com os familiares, precisam de paciência, estão enfrentando dificuldades nos estudos...

Jesus sempre foi um porto seguro para quem carregava os fardos pesados do sofrimento:

"Vinde a mim, todos vós que estais cansados e carregados de fardos, e eu vos darei descanso. Tomai sobre vós o meu jugo e sede discípulos meus, porque sou manso e humilde de coração, e encontrareis descanso para vós. Pois o meu jugo é suave e o meu fardo é leve" (Mt 11,28-30).

Lembremos os nomes de nossos amigos e amigas que passam por alguma dificuldade na vida.

Rezar 1 Pai-Nosso, 10 Ave-Marias e 1 Glória.

Quarto mistério

Rezemos por todos os nossos amigos e amigas que já partiram para junto de Deus.

Jesus nos prometeu a vida eterna junto de seu amor:

> Os apóstolos disseram: "Realmente, o Senhor ressuscitou e apareceu a Simão!". Então os dois [discípulos] contaram o que tinha acontecido no caminho, e como o tinham reconhecido ao partir o pão. Ainda estavam falando, quando o próprio Jesus apareceu no meio deles e lhes disse: "A paz esteja convosco!". Eles ficaram assustados e cheios de medo, pensando que estavam vendo um espírito. Mas ele disse: "Por que estais preocupados, e por que tendes dúvidas no coração? Vede minhas mãos e meus pés: sou eu mesmo! Tocai em mim e vede! Um espírito não tem carne, nem ossos, como estais vendo que eu tenho". E dizendo isso, ele mostrou-lhes as mãos e os pés. Mas eles ainda não podiam acreditar, tanta era sua alegria e sua surpresa. Então Jesus disse: "Tendes aqui alguma coisa para comer?". Deram-lhe um pedaço de peixe assado. Ele o tomou e comeu diante deles. Depois disse-lhes: "São estas as coisas que eu vos falei quando ainda estava convosco: era necessário que se cumprisse tudo o que está escrito sobre mim na Lei de Moisés, nos Profetas e nos Salmos". Então ele abriu a inteligência dos discípulos para entenderem as Escrituras (Lc 24,34-45).

Lembremos os nomes de todos os nossos amigos e amigas que já fazem morada no amor de Deus.

Rezar 1 Pai-Nosso, 10 Ave-Marias e 1 Glória.

Quinto mistério

Rezemos por todos os nossos amigos e amigas, louvando e agradecendo a Deus pela presença deles em nossa vida e também em nossa história.

Jesus nos chama de amigos e deseja que tenhamos um relacionamento de amigos verdadeiros com ele:

> Se observardes os meus mandamentos, permanecereis no meu amor, assim como eu observei o que mandou meu Pai e permaneço no seu amor. Eu vos disse isso, para que a minha alegria esteja em vós, e a vossa alegria seja completa. Este é o meu mandamento: amai-vos uns aos outros, assim como eu vos amei. Ninguém tem amor maior do que aquele que dá a vida por seus amigos. Vós sois meus amigos, se fizerdes o que eu vos mando. Já não vos chamo servos, porque o servo não sabe o que faz o seu Senhor. Eu vos chamo amigos, porque vos dei a conhecer tudo o que ouvi de meu Pai. Não fostes vós que me escolhestes; fui eu que vos escolhi e vos designei, para dardes fruto e para que o vosso fruto permaneça. Assim, tudo o que pedirdes ao Pai, em meu nome, ele vos dará. O que eu vos mando é que vos ameis uns aos outros (Jo 15,10-17).

Lembremos o nome de cada amigo e amiga e agradeçamos a Deus pela presença destes nossos irmãos e irmãs na fé e no amor.

Rezar 1 Pai-Nosso, 10 Ave-Marias e 1 Glória.

Agradecimento

nfinitas graças vos damos, ó Soberana Rainha, pelos benefícios que todos os dias recebemos de vossas mãos maternais. Dignai-vos, agora e para sempre, tomar-nos debaixo do vosso poderoso amparo. E para mais vos agradecer, vos saudamos com uma Salve-Rainha:

Salve, Rainha, mãe de misericórdia,
vida, doçura, esperança nossa, salve!
A vós bradamos, os degredados filhos de Eva.
A vós suspiramos, gemendo e chorando neste vale de lágrimas.
Eia, pois, advogada nossa,
esses vossos olhos misericordiosos a nós volvei.
E, depois deste desterro, nos mostrai Jesus,
bendito fruto do vosso ventre.
Ó clemente, ó piedosa, ó doce Virgem Maria.
Rogai por nós, Santa Mãe de Deus,
para que sejamos dignos das promessas de Cristo.
Amém.

Encontros

A vida é feita de encontros.
Encontramos e somos encontrados
em cada sorriso revelado.
É a esperança de quem um dia
recuperou a força de viver e de amar.
Assim é a vida: feita de aprendizados
que nascem nos encontros mais inusitados,
nas esquinas de nossa existência.
Encontrar-se consigo mesmo:
talvez esse seja o nosso grande desafio
e também a nossa maior alegria.
Mas esse encontro só acontece
quando nos encontramos com o outro,
pois o outro revela mistérios escondidos em nosso coração.
Nossa vida é assim,
uma teia de relações que se encontram e se perdem,
se doam e recebem em cada encontro um novo desafio,
um novo olhar, um novo horizonte a ser desvendado.
Nossas histórias são unidas a tantas outras!
E nesse emaranhado de vidas se encontra o amor de Deus,
que nos torna amigos da vida,
do outro e de nós mesmos.

Rua Dona Inácia Uchoa, 62
04110-020 – São Paulo – SP (Brasil)
Tel.: (11) 2125-3500
http://www.paulinas.com.br – editora@paulinas.com.br
Telemarketing e SAC: 0800-7010081